DISCOURS

PRONONCÉ

A LA BÉNÉDICTION DU MARIAGE

DE

M. GEORGES HITIER

AVEC Mlle ANGÈLE LUCOT,

A SAINTE-MARIE DES BATIGNOLLES (Paris),

LE JEUDI 21 OCTOBRE 1880,

PAR

M. LE CHANOINE LUCOT, CURÉ-ARCHIPRÊTRE

DE LA CATHÉDRALE DE CHALONS.

CHALONS

IMPRIMERIE T. MARTIN, PLACE DU MARCHÉ-AU-BLÉ, 50.

—

1880.

DISCOURS

PRONONCÉ PAR

M. LE CHANOINE LUCOT, CURÉ-ARCHIPRÊTRE

DE LA CATHÉDRALE DE CHALONS.

DISCOURS

A LA BÉNÉDICTION DU MARIAGE

DE

M. GEORGES HITIER

AVEC Mlle ANGÈLE LUCOT,

SAINTE-MARIE DES BATIGNOLLES (Paris),

LE JEUDI 21 OCTOBRE 1880,

PAR

M. LE CHANOINE LUCOT, CURÉ-ARCHIPRÊTRE

DE LA CATHÉDRALE DE CHALONS.

CHALONS

IMPRIMERIE T. MARTIN. PLACE DU MARCHÉ-AU-BLÉ, 50.

—

1880.

DISCOURS

PRONONCÉ

A LA BÉNÉDICTION DU MARIAGE

DE

M. GEORGES HITIER

AVEC Mlle ANGÈLE LUCOT.

MONSIEUR,

MA CHÈRE ENFANT,

S'il est une heure solennelle dans la vie, c'est bien celle où vous êtes arrivés. Encore quelques jours, encore quelques instants, et votre séparation de vos parents sera consommée ; l'acte que nous allons accom-

plir l'aura tout-à-l'heure décidée irrévoca-
blement : « L'homme quittera son père
» et sa mère pour s'attacher à son
» épouse, » *Dimittet homo patrem et
matrem, et adhærebit uxori suæ.* La réci-
proque est pour l'épouse d'une exactitude
non moins rigoureuse : « La femme
» quittera son père et sa mère pour
» s'attacher à son époux; » et la parole
divine ajoute et conclut : *Et erunt duo in
carne una,* « Et ils seront deux dans une
» même chair. Que l'homme ne tente pas
» de séparer ce que Dieu a uni ! » *Quod
Deus conjunxit, homo non separet.*

Une vie nouvelle va donc commencer
pour vous. Vous vous unissez pour la plus
grande des choses : le principal but du
mariage, c'est de fonder une famille et d'y
former des saints. C'est donc l'heure des
devoirs et des responsabilités qui va
sonner. Tous nos vœux vous accompagnent
dans cette vie nouvelle où vous entrez.

Mais quel impuissant cortège ce serait pour vous que nos vœux si nos prières n'allaient de conserve avec eux, si Dieu surtout ne prêtait à ces prières une oreille indulgente ! Mais elles sont montées pour vous si ferventes, et de tant de cœurs amis, de tant d'âmes vraiment embrasées de son amour, que Dieu, je n'en doute pas, les a eues pour agréables. Il les exaucera, soyez-en sûrs ; il ratifiera nos vœux. Pourrait-il n'avoir point égard à vos dispositions chrétiennes ? Vous abordez le mariage avec religion ; vous voulez le traiter comme chose absolument sainte. Il l'est en effet. Et rien de plus vénérable que cette institution, envisagée dans la fin qui lui a été assignée par le Créateur : elle doit perpétuer la grande famille humaine et donner des héritiers au Ciel. Aucune n'a plus de droits à notre respect : elle remonte à l'origine du monde ; elle a Dieu pour auteur ! Dieu lui a réservé ses premières bénédictions ; il a béni les premiers époux dans la personne de nos premiers parents ; et quand le Verbe éternel se fit homme pour nous, les noces reçurent de lui à Cana la plus éclatante sanction : Jésus les honora de sa présence et de son premier miracle. Des institutions primordiales, le mariage est la seule qui, avec le sacerdoce, ait survécu aux révolutions du globe, qui ait résisté aux variations des siècles et des hommes. Il est entré dans l'arche, il en est sorti avec cette auréole divine qui l'a rangé chez tous les peuples parmi les choses saintes et sacrées : jamais aucune nation n'a séparé la religion du mariage ; toutes ont demandé à Dieu pour l'union des époux sa consécration nécessaire. Les peuples ne pouvaient oublier que le mariage est le berceau des familles, la source des sociétés, le trait d'union entre les membres de la race humaine. Ils savaient que dans le mariage réside le bonheur pour les individus et la vie pour les peuples. Et voilà pourquoi toujours en

y entrant ils ont voulu se placer sous la
garde spéciale de Dieu, sans lequel rien
ne se fonde et rien ne demeure. Voilà
pourquoi chez les Juifs nous voyons inter-
venir, dans la préparation aux mariages et
dans le choix des époux, les anges mêmes
de Dieu, affirmant ainsi, ou plutôt confir-
mant par leur intervention l'importance
des noces ; voilà surtout pourquoi Notre-
Seigneur a donné dans la société chrétienne
un rang si élevé à l'union des époux.
L'amour naturel, il l'a transfiguré et sanc-
tifié en eux ; la société des époux, il a
voulu qu'elle fût le symbole de son union
avec l'Église par l'Incarnation et l'Eucha-
ristie. Il a élevé l'union matrimoniale à la
hauteur des choses les plus saintes : il en
a fait un sacrement de la loi nouvelle ; et
ce sacrement, si les époux le reçoivent
saintement, leur confère un nouveau degré
de grâce sanctifiante, et leur procure des
secours appropriés aux devoirs nombreux
de leur vocation ; graves et difficiles de-

voirs, soit qu'on envisage les époux dans leurs rapports mutuels, soit qu'on les considère dans la tâche si grande de l'éducation de leurs enfants. Ainsi Dieu, dans sa bonté, proportionne ses secours à nos besoins, et quand il nous impose des charges, charges parfois bien lourdes, il nous donne en même temps le moyen de les supporter et de les rendre méritoires.

De longue main, Monsieur, Dieu vous a préparé à ces grandes tâches de la vie par les précieuses habitudes de religion et de travail auxquelles vos bons parents vous ont sagement formé. Docile, vous en avez accepté le joug salutaire, et vous en gardez soigneusement la profonde empreinte. Ce sont des trésors que nous placions bien haut dans notre estime; nous les convoitions par-dessus tous les autres. Quoi de plus désirable en effet que le travail et la piété ? Où chercher ailleurs des garanties plus sûres de sagesse pour un jeune homme, de bonheur pour celle qui doit lui être unie? Le travail, c'est l'abri protecteur de la jeunesse, c'est le sel qui la préserve de la corruption, c'est le gage de l'avenir ; et quand la religion s'y ajoute en le couronnant, tout est bien pour l'homme : car la religion est la consolation de toutes les tristesses et le complément de toutes nos joies : *In secundis voluptas, in adversis perfugium*.

Vous n'avez cessé, Monsieur, de marcher en cette noble compagnie de la religion et du travail, et près d'eux vous avez trouvé cette simplicité de goûts, cette droiture d'âme, cette bonté de cœur, ce respect de vos parents, cet amour du foyer domestique, que nous aimons à constater en vous ; précieuses qualités qui ont fait la joie de votre famille, et qui seront pour votre épouse une source intarissable de bonheur et de consolation !

Jadis un grand monarque, le plus grand des temps antiques, le plus puissant, et incontestablement le plus heureux, Alexandre, proposait son alliance à un peuple remuant et barbare, dont il redoutait les envahissements ; et les Scythes, par leurs ambassadeurs, de répondre au roi des Grecs : « Non, Prince, l'alliance » ne se fera pas : entre égaux seulement, » l'amitié peut régner », *Sola inter pares amicitia*.

Ma chère Enfant, c'est cette communauté nécessaire de sentiments et d'habitudes avec le futur compagnon de votre vie, qui vous amène aujourd'hui au pied des saints autels. Si vous eussiez été une jeune fille amie du monde, si vous n'aviez reçu l'éducation chrétienne que vous possédez, si vos chers parents ne vous eussent soigneusement appris l'amour de l'étude, l'estime du travail des mains, et l'heureuse alliance, l'intelligente combinaison des

exercices du corps et de l'esprit, la sagesse
n'eût point déterminé votre choix : des
qualités superficielles eussent surpris et
captivé votre cœur, vous eussiez préféré
aux solides réalités l'éclat trompeur et
inconsistant des charmes mondains. Dieu
vous a mieux inspirée, et je l'en bénis !
Je n'en suis pas surpris : déjà il avait été
si bon pour vous ! Afin que la vie vous fût
donnée, tant de saintes âmes l'avaient
prié. Elles n'ont cessé de le faire pour qu'on
vous vît grandir bonne, vertueuse, douce ;
pour que vous réunissiez tout ce qui
constitue la femme sérieuse et chrétienne.
Dieu les a-t-il exaucées ?... Je craindrais,
à cause de votre modestie, en faisant parler
ceux qui ne sont plus, vos bons aïeuls,
dont la présence ici nous eût été si chère,
et dont la mémoire vous demeurera avec le
souvenir de toutes leurs tendresses pour
vous. Je craindrais d'interroger vos parents.
Ne me diraient-ils pas : « La pensée de sa
» prochaine séparation, c'est le premier

» chagrin qu'elle nous ait jamais causé. »

Ah ! restez toujours bonne, soyez cette douce enfant dont les soins, les attentions, les prévenances fassent la joie de votre époux et vous gardent à jamais son cœur ! Que l'ange de Dieu soit avec vous pour vous protéger et vous conduire à travers les sentiers si accidentés de la vie ! Que Marie et Joseph, ces patrons si vigilants, ces modèles si parfaits des époux, vous prennent sous leur sauvegarde ! Epoux chrétiens, que Dieu reste le lien de vos cœurs, et votre mutuel amour triomphera de toutes les épreuves. Que la crainte du Seigneur préside à toutes vos actions ; qu'elle en soit l'aiguillon et le frein ; qu'elle en soit l'âme et l'inspiration. Alors, les cœurs unis, la main dans la main, précédant vos enfants si Dieu vous accorde de vous prolonger et de revivre en une postérité, tous ensemble vous suivrez courageux les chemins de notre exil terrestre ; les montées vous en paraîtront moins âpres et

moins longues ; vous parviendrez enfin à
ces immortels sommets, dont la foi nous
montre déjà les clartés ravissantes, et unis
en Dieu dans le temps, vous resterez
unis en lui dans l'éternité !

Châlons, Imp. T. Martin.